Made in United States
Troutdale, OR
08/29/2024

22441931R00064